Kumbh
Mela

Allen indischen Freunden, die mir
auf dieser wie auch auf allen anderen
Reisen in Indien so
wundervoll geholfen haben.
Ilija Trojanow

Für Oiza, die immer noch da ist,
und Denzel, das Väterchen des Glücks.
Meinen Freunden
Elmikou, der auch mit dem Rücken zur Wand nicht aufhört zu singen,
und Ilija, dem Meister des Türenaufstoßens.
Thomas Dorn

Ilija Trojanow
Thomas Dorn

Kumbh Mela

Indien feiert das größte Fest der Welt

Typographie und Gestaltung
Yvonne Meyer-Lohr

GEO Frederking & Thaler

Wo jeder etwas anderes sieht

Geschichten von dem größten
aller großen Feste

Wann immer ich meine Augen schließe und mich zurückversetze, verliere ich mich wieder in der Menge, löse ich mich auf unter Unbekannten, fühle ich die unbesänftigte Nähe unzähliger anderer. Noch Jahre später wird mein Körper erfaßt von der Erinnerung an eine Unsicherheit, die buchstäblich unter die Haut ging, denn die Haut war als Grenze des eigenen Körpers nicht mehr verläßlich. Diese Vergegenwärtigung ist seltsam geruchlos; überschaubare Eindrücke fehlen. Das Gefühl, in der Menge aufzugehen, dominiert. Doch nimmt es sich keineswegs bedrohlich aus. Im Gegenteil: Es ist von süßlicher Verheißung.

Seine Mutter macht sich ständig Sorgen.

Die Sorgen beuteln sie. Jeden Tag bedrängt sie ihn mit ihren Sorgen. Bei den alltäglichsten Aufgaben. Was tausendmal gutgegangen ist, wird morgen schrecklich schiefgehen. Nie kann sie sich zurücklehnen. Wenn sie schon ihm und seinen Geschwistern nicht vertrauen kann, wieso verläßt sie sich nicht wenigstens auf die Kraft Krishnas, den sie so vorbildlich umsorgt. Sie wäscht ihn liebevoll, legt ihm die saftigsten Bissen hin, bettet ihn zärtlich. Du verwöhnst Krishna mehr als deine eigenen Kinder, neckt er sie. Du bist undankbar, weist sie ihn zurecht. Was befürchtet sie? Die Ungnade Gottes? Wieso fragt sie ihn schon zum hundertsten Mal, ob er genug Feuerholz geschnürt habe? Ob das Essen ausreichen werde? Ob er genug Decken eingepackt habe? Und wenn uns das Geld ausgeht? Unterschätze mir nicht die Kälte! Es wird kälter werden, als wir erwarten. Und wer sich nur mit einem Kochtopf auf den Weg mache, handele fahrlässig. Zum Glück hatte der Nachbar ihm geholfen, sie zu beschwichtigen: Du mußt nur aufbrechen, Gott sorgt schon für den Rest. Nichts gegen Achtsamkeit und Vorsorge, aber schließlich wird er alle Taschen und Tüten tragen müssen – er, der einzige mitreisende Sohn.

Am Abend vor dem Aufbruch treffen sich alle Pilger im Haus des Dorfvorstehers, der sie auf ihrer Reise führen wird, zu einer kleinen Puja. Wie schon seit Monaten unterrichtet der anwesende Priester sie auch dieses Mal über das große Fest. Längst wissen sie es: Jupiter tritt dieser Tage in das Zeichen des Mars und die Sonne in das Zeichen des Steinbocks, so ergibt sich ein Sternbild, das sich nur alle 144 Jahre wiederholt. Und die Aussicht auf einen Segen, der einem nur alle 144 Jahre zuteil werden kann.

Aus diesem Grund hat seine Mutter auf der gemeinsamen Pilgerreise bestanden, ihrer ersten. Ihm ist nicht wohl bei dem Gedanken, wie sie die Strapazen überstehen wird. Aber er kann ihr den Wunsch nicht abschlagen. Er steht hinter all den anderen, an der Wand, und versucht sich 144 Jahre vorzustellen. Wer war damals am Leben, von dem er weiß? Vielleicht sein Ururgroßvater. Später fragt er seine Mutter. Sie ist sich sicher, daß noch keiner aus ihrer Familie zur Maha Kumbh Mela – dem größten der großen Feste – gepilgert ist. Sie werden die ersten sein. Ziel ihrer zweitägigen Reise ist Prayag – was für ein wohlklingender Name! Er bedeute so viel wie »wunderbarer Platz für ein Opfer«, so erklärt der Priester es ihnen. Pra-yag. Brahma habe dieses Stück Land, wo die Flüsse Ganges und Jamuna sowie der nicht mehr sichtbare Fluß Saraswati zusammenfließen, für eine »Prakrishta Yagna« ausgewählt. Das war die eine Geschichte. Die andere kannte er schon seit seiner Kindheit: Die Devas (Götter) und die Asuras (die Dämonen) wirbelten den Ozean auf, um an den Nektar der Unsterblichkeit zu gelangen, und als sie einen Kumbh (Topf) voll Nektar gesammelt hatten, machte sich einer der Devas mit diesem auf und davon. Die anderen jagten ihm hinterher, und bevor er die sichere Zuflucht des Himmels erreichen konnte, fielen an vier Orten Tropfen zu Boden, in Prayag (heute nahe der Stadt Allahabad gelegen), in Haridwar, Nasik und Ujjain. Nur vier Tropfen waren zur Erde gefallen, und doch kamen seitdem an diesen vier Orten alle drei Jahre die Weisen, die Eremiten und die Pilger zusammen, um das Göttliche zu feiern. Wenn das nicht bewies, wie mächtig dieser Nektar war!

Die Rituale des Feueropfers, die Yagna, so der Priester, erinnerten daran, wie viel die Menschen früher den Göttern geopfert haben. Im goldenen Zeitalter habe die regelmäßige Opfergabe im Mittelpunkt gestanden. Anders als heute, da sie nur ganz selten, zu wichtigen Anlässen wie der Kumbh Mela, stattfände. Nun, wenn dem wirklich so war, bedeutet es nichts anderes, als daß die Menschen früher reicher waren. Denn opfern kann man nur das, was man selber nicht braucht. Soll doch der Priester, dessen Reichtum im Dorf kein Geheimnis war, mit gutem Beispiel vorangehen.

Früh am nächsten Morgen klettern sie auf den Anhänger – egal, wie gut man vorbereitet ist, der Aufbruch erfolgt stets plötzlich –, rücken nahe zusammen, um all die anderen Pilger unterzubringen. Dann tuckert der Traktor los, und sie sind auf dem Weg zum nächsten Bahnhof, in die Marktstadt. Als Jugendlicher hat er dort gelegentlich mit seinen Freunden herumgelungert. Einmal haben sie den letzten Bus verpaßt und fast die ganze Nacht hindurch zu ihrem Dorf zurücklaufen müssen. Diese Reise wird alles übertreffen, was du bisher erlebt hast, hatte der Nachbar zum Abschied gesagt. Jemand stimmt ein Gebet an Ganesha, den Gott mit dem Elefantenhaupt, an; eine Bitte, alle Hindernisse auf ihrer Reise nach Allahabad aus dem Weg zu räumen. Am Bahnhof müssen sie einige Stunden warten. Die älteren Pilger setzen sich auf Matten am Boden, die jüngeren treiben sich herum, auf der Suche nach Überraschungen. Als der Zug endlich ankommt, drängen alle hinein. Es dauert eine Weile, bis sie sich im Inneren zurechtgefunden und einigermaßen bequem eingerichtet haben. Seine Mutter hat an eine Girlande aus Ringelblumen gedacht, die sie aus einer alten Zeitung herausholt, um mit ihr das Fenstergitter ihres Zugabteils zu schmücken. Sie wirkt beinah glücklich.

An Schlaf ist auf ihrer zweitägigen Reise nicht zu denken. Nicht einmal nachts. Sie vertreiben sich die Zeit mit Bhajans; selbst die Passagiere, die nicht zu ihrer Gruppe gehören, stimmen lautstark ein. Sie teilen das Essen und warten auf die Ankunft.

Auf den Beginn des großen Schauspiels.

BAPI SUPER
OR 14F
2098

Aus dem ganzen Land
strömen die Pilger herbei
in Bussen, Jeeps und Zügen.

Die einfachen Pilger
sind das menschliche Pendant
zum Wasser und Sand des Festes.

Wo es keinen Vorhang gibt,

beginnt die Vorstellung mit dem Schminken.

Mit dem Auftragen von Illusionen, die bald Wahrheit werden. Die Musiker stimmen neben der Bühne Weihelieder an, und das Zelt füllt sich langsam – wenn ein Drama länger als zwei Wochen andauert, darf sich das Publikum Zeit lassen, seinen Platz bedächtig auf den ausgelegten Teppichen einnehmen. Derweil schminken sich einige Kinder mit heiligem Ernst. Abseits der Bühne verziehen sie, die Söhne des Impresarios, jede Miene, ulken, toben und narren. Doch kaum setzt der Pakhawaj-Spieler an, das Geschehen rhythmisch zu grundieren – er wird trommeln und trommeln, jeden Tag mehrere Stunden, fünfzehn Tage lang, sein Schlag der Herzschlag der Lila, das Pochen des festlichen Pulses –, verwandeln sich die jungen Darsteller Farbe um Farbe, Gewand um Gewand in Helden alter Legenden. Während Augenlider grün bemalt werden, singt der Harmoniumspieler sein erstes Lied, eine Liebeserklärung an Krishna, natürlich, und aus dem Gesang heraus werden neben der Bühne aus Jungen Frauen und aus Kindern Götter.

Der Vater, dessen Familie seit zehn Generationen umherzieht, um die Raslila, die Geschichten über den Gott Krishna, aufzuführen – neuerdings sogar außerhalb der Landesgrenzen, in Hongkong und Singapur –, der Vater wickelt seinem ältesten Sohn, der Krishna verkörpern wird, aufwendig den Turban. Der Zweitälteste, er trägt einen gemalten Rubin auf der Stirn, nimmt die Gestalt Radhas an, Krishnas Erwählter. Die weiteren Brüder, allesamt in Grün kostümiert, sind Gopis (Milchmädchen), die Krishna anhimmeln – lebende Metaphern für die Liebe der Menschen zu Gott sowie die grenzenlose Erwiderung dieser Liebe. Die Gedanken der Kleinen richten sich in ihrer neuen Identität ein. Sie starren scheinbar geistesabwesend vor sich hin. Nichts läge ihnen jetzt ferner als ein Scherz.

Bevor die Gopis einen ersten Reigen tanzen können, muß das Wohlwollen Krishnas erbeten werden, der in eingefrorener Pose auf seinem Thron sitzt, mit allen Krönungsinsignien ausgestattet, die Flöte in der Rechten, der linke Arm um Radha gelegt – die Geliebte segnet mit offener Handfläche die Zuschauer. Gott und seine Frauen sind zu einem menschlichen Gemälde erstarrt, aus dem die Gopis als erste herauswirbeln, in Pirouetten kreisen sie um die eigene Achse und um Gott; die Pakhawaj treibt sie zu immer schnelleren Umdrehungen, und wenn sie innehalten, treten sie vor, zu einem auf der Vorderbühne aufgestellten Mikrophon, und erzählen singend vom neugeborenen Sohn eines Prinzen in Mathura: Heimlich wurde er über den Jamuna-Fluß in Sicherheit gebracht, da der böse Maharaja alle Kinder seiner Schwester umbringen ließ, nachdem eine Prophezeiung ihm Unheil durch einen um Mitternacht geborenen Nachfolger vorausgesagt hatte ... Die Gopis spielen den Schabernack nach, den der kleine Krishna trieb ... und sie himmeln ihn an. Sie und Radha, alle Anwesenden sind in ihn verliebt; vielleicht ist die Raslila das einzige Drama auf Erden, bei dem auf und vor und hinter der Bühne jeder in die Hauptfigur verliebt ist. Sogar jene, die nicht im Zelt sind, die draußen auf der staubigen Straße schlendern, Tee trinken, ankommen oder zum Bad im Ganges aufbrechen. Wenn sie sich dann irgendwann während der nächsten fünfzehn Tage einfinden, werden sie sich vor Krishna verneigen und seinem nur angedeuteten Flötenspiel lauschen. Und nachdem er mit prachtvollen Pfauenfedern geschmückt worden ist, werden die Frauen im Publikum zur Bühne hasten, wo Krishna seinen Segen spendet, sie werden ihm Geld überreichen, ihn ehrfurchtsvoll berühren, ihn füttern.

In die erste Banane wird er lustvoll hineinbeißen, doch es werden immer mehr Frauen zur Bühne drängen, um ihn zu berühren, ihm Süßes in den Mund zu stopfen, eine Banane nach der anderen, bis er schließlich die Zähne blecken und die Gaben, zur Seite gebeugt, ausspucken wird. Irgendwann während der Kumbh Mela erfährt jede Inszenierung einen Riß. Hier wird das Band zwischen Gott und den Menschen fester geknüpft, und hier reißt es gelegentlich auch. Krishna mit vollgestopftem Mund erweist sich als überforderter Junge.

Aber schon im nächsten Moment steigt ein echter Sadhu auf die Bühne, blickt unsicher und stolz zugleich um sich. Dann spricht er die Figur des »falschen Sadhus« an, einen Mann, der sich als Sadhu verkleidet hat, um die Gutgläubigkeit der Menschen auszunutzen. Der echte Sadhu hält dem »falschen« eine lange Predigt über das richtige Leben. Der wahre Eremit wäscht dem Scharlatan den Kopf. Doch im nachhinein entpuppt sich der Eremit als Teil der Inszenierung. Zwar ist er tatsächlich ein Eremit – die Auftrittsmöglichkeit aber wurde ihm vorher angeboten.

Alles auf der Kumbh Mela ist Spektakel; diese Bühne reicht über die Behelfsrampen der fahrenden Raslila-Theater, über den Sandstreifen zwischen den beiden Flüssen, über das gewaltige Areal hinaus.

Sie umfaßt die gesamte Welt.

कथा-स्थल

Farbe entsteht aus Farbe
Hinter jeder Farbe einzig Licht.
Welche Farbe hat das Leben?
Wenn Du's weißt, dann sprich!
Kabir

Mit jedem Pinselstrich
verwandeln sich die Jungen in Frauen,
die Kinder in Götter.

वृन्दावन रासलीला

Der echte Sadhu hält dem
»falschen« eine lange Predigt über das richtige Leben.
Der wahre Eremit
wäscht dem Scharlatan den Kopf.

Alle Anwesenden sind in Krishna verliebt,
sie überreichen ihm Geld,
berühren in ehrfurchtsvoll
und füttern ihn.

Die eigene Erregung, das Beglückende an der unmittelbaren Erfahrung speist sich aus dem fließenden Übergang zwischen Vertrautem und Fremdartigem. Die Kumbh Mela ist gewaltig – ihre Größe zieht die Menschen an, aber sie bestimmt nicht ihr Empfinden. Der emotionale Resonanzraum wird individuell eingerichtet. Jeder Besucher der Kumbh Mela erlebt etwas Einmaliges, obwohl sich dreißig, vierzig, fünfzig Millionen Menschen versammeln, zu einer Massenveranstaltung par excellence, bei der an den vier Badetagen (Makar Sankranti, Mauni Amavasya, Basant Panchami und Magh Purnima) alle baden, und es täglich jeden zum heiligen Wasser zieht, und trotzdem nimmt ein jeder eine andere Kumbh Mela wahr, erfährt jeder ein anderes Fest. Der Ruf, der dem sakralen Schauspiel vorausgeht, ist nur die Brücke, die das Fremde mit dem Eigenen verbindet. Man betritt Feste von solch kolossaler Größenordnung durch das Tor des Mythos und schafft sich dahinter sein ganz persönliches Ereignis.

Nichts hat ihn vorbereitet auf den Anblick, der sich ihm bietet,
als sie über die Gangesbrücke gehen.

Der Fußmarsch vom Bahnhof hierher war lang, seine Mutter ist sichtbar erschöpft. So weit er durch den staubigen Dunst blicken kann, reihen sich größere und kleinere Zelte aneinander, erstrecken sich hölzerne Bauten, Masten und schnurgerade Pisten. Alles ist in Bewegung, auf der Brücke und unter ihr, wo eine Prozession von Sadhus nordwärts zieht, gefolgt von einem Polizeijeep. Auch das überrascht ihn, die Geduld der Polizisten, die nicht jeden zur Seite hupen, der ihnen im Weg steht. Dreißig Millionen Pilger, so hatte es in der

Zeitung gestanden. Das klang vage, wie das Versprechen eines Politikers. Aber jetzt – vor ihm sichtbar spürbar riechbar hörbar – verleiblicht sich diese Zahl, strömt massenhaft Schweiß aus und brummt wie ein Wespennest.

Sie steigen eine kleine Treppe hinab. Auf einmal fühlt er sich unwohl, bedroht. Er spürt, wie er selber schwitzt. Ihr Anführer ermahnt sie, sich aneinander festzubinden, Sari an Sari, Schal an Schal stolpern sie durch die belebte Dunkelheit. Wie eine verunsicherte Herde Kälber, denkt er sich. Seine Mutter klammert sich an seinen Schal; er würde sie umarmen, aber er hat mit beiden Händen zu tragen. Um ihn herum ein Kreischen, ein Schreien, ein Befehlsgebell. Schließlich erreichen sie ihr Lager. Es besteht, zum Entsetzen seiner Mutter, aus offenen Zelten, Planen, die über Pfosten gespannt wurden. Alles, was sie gegen die Kälte schützen wird, tragen sie bei sich. Zudem sind die Zelte schon voller Bündel und Decken anderer Pilger. Sie können nicht weiter. Ihr Anführer verhandelt mit den Eingesessenen, einige andere aus ihrer Gruppe flehen leise, während sie alle beharrlich hineindrängen und das Problem so lösen, bevor die hohen Herren es ausdiskutiert haben. Jeder findet einen Platz für seine Plastiktaschen und Jutesäcke. Die Frauen in ihrer Gruppe beginnen sogleich zu kochen: Teig wird geknetet, ausgerollt, Fladen werden zubereitet. Am nächsten Morgen, verkündet der Priester, werden sie vor Sonnenaufgang den Sangam, den heiligen Zusammenfluß, aufsuchen. Vor dem Einschlafen stimmen sie ein zuversichtliches Mantra an:

Hari om gangaya namaha.

In den von der Regierung
des Bundesstaates Uttar Pradesh
bereitgestellten Zelten und Leichtbauhallen
findet jeder Pilger
einen Schlafplatz.

Im Januar ist es, vor allem nachts,
bitterlich kalt am Zusammenfluß
von Ganges und Jamuna.

Alle Tage

Täglich muß die Welt neu komponiert werden.

Aus sich selbst heraus, aus den Bemühungen des Menschen, sich in Erinnerung zu rufen. Wer ankommt, muß sich anmelden, wer den heiligen Ort betritt, muß seine Anwesenheit bekanntgeben. Er muß Glocken läuten; energische, grelle Schläge, die Wiedererkennung und Erhörung versprechen. Oder er muß trommeln. Oder einer Stimme folgen, die sich aus einem Megaphon herausschält wie das Erkennungszeichen einer verschworenen Gemeinschaft. Vordergründig erscheint die Kumbh Mela erbaut aus Holz, Stoff, Plastik, Metall, in Wirklichkeit aber setzt sie sich zusammen aus Mantras, Shlokas und Sutras (aus Weisheiten also, die in möglichst wenige Wörter gefaßt sind), aus den Silben einer überlieferten Ordnung, barfuß vor sich her gesungen, auf den Dächern überladener Busse angeschleppt ...

Chattisgarh im fernen Rajasthan ist eine Festung und eine Stadt, und die beiden haben wenig miteinander zu tun. Die Festung ragt gewaltig in die Erinnerung hinein, die Stadt wirkt, als sei sie erst gestern entstanden und heute schon unzufrieden mit sich selbst. Bolaram und seine Begleiter stammen aus Chattisgarh. Wenig unterschiede sie von Myriaden anderer Pilger, würden sie nicht pausenlos etwas skandieren, etwas sehr Einfaches, zwei Namen nur, drei Silben, die Anrufung des göttlichen Paares Sita und Ram. Und auch dies wäre nicht so ungewöhnlich, wenn Bolaram und seine Begleiter ihren Gesang von Zeit zu Zeit unterbrechen würden, wenn sich bei ihnen ein Tag des Singens von einer Nacht des Schweigens unterscheiden ließe. Doch diese Männer aus Chattisgarh singen vierundzwanzig Stunden am Tag *Sita-Ram Sita-Ram Sita-Ram-Ram-Ram*. Ununterbrochen. Mal nuscheln sie es wie ein schüchternes Gebet, mal posaunen sie es hinaus, als wäre dieses Mantra eine Fanfare.

मरकरी

HARE KRISHNA
पराग

Nicht auszumalen, wie es den anderen Passagieren in Bussen und Zügen, den Mitreisenden an Bahnhöfen und Rastplätzen ergangen ist. Natürlich müssen auch die Meister der Hingabe gelegentlich schlafen. Deswegen sind sie zu mehreren angereist und wechseln sich alle paar Stunden beim Singen ab, als gälte es, mit dem Mantra jeweils die nächste Wache zu übernehmen.

In den alten Texten steht, nur die Wiederholung der Namen Gottes könne Rettung bringen in dem finsteren, einen Zyklus abschließenden Zeitalter des Kaliyuga, das wir alle seit mehr als 5000 Jahren durchleiden.

Bolaram schützt sich und die Seinen
mit dem rechten Gesang.

Wir wachen jeden Morgen vor der Dämmerung auf. Unfreiwillig.
Wir hören, wie Gott in hundertundacht Namen angerufen wird. Wir hören zirpende Pfeiflaute, als wäre das Morgengrauen von blechernen Grillen erfüllt, und aufgepeitschte Stimmen, und wenn wir unsere Köpfe aus dem Zelt herausstrecken, blicken wir in einen Nebel von Gesängen. So wie unser Weckruf wird auch der restliche Tag klingen, ein Nagelbett aus Geräuschen, Aufrufen, Gebeten, Durchsagen, meist dem verzerrenden Klang billiger Lautsprecher ausgeliefert. Jedes Gebet wird von unzähligen anderen Gebeten umlagert, jedes Flehen holt sich die Verstärkung, die es finden kann. Am lautesten wird das Mantra des Friedens und der Stille geplärrt: Shan-ti ... oooooooooooom.

Früh am nächsten Morgen müssen Mutter und Sohn
sich einen Weg durch den tiefhängenden Nebel bahnen,
um zur Göttin zu gelangen. Er hat sich Ganga allgegenwärtig vorgestellt. Er hat erwartet, die Flußgöttin von überall aus sehen zu können. Was für eine Enttäuschung, sie erst suchen zu müssen! Unsichtbar fließt das heilige Wasser hinter den Zelten. Kann der Zugang zu Gott durch die Mitmenschen erschwert werden? Er nimmt sich vor, bei passender Gelegenheit den Priester zu fragen. Am Wasser angelangt, wartet er ab, bis seine Mutter, eingehüllt in eine Wolldecke, ihre Gebete gesprochen hat. Erst dann wendet er sich seinen eigenen zu. Wie seine Mutter prophezeit hatte, ist es kälter als erwartet. Kaum hat er sein Hemd ausgezogen, legt sich der eiskalte Nebel um seine Schultern. Er tritt schnell einige Schritte ins Wasser und versinkt ein wenig im weichen Sand. Das Wasser fühlt sich warm an, nach der eisigen Kälte geradezu heimelig. Er taucht dreimal unter, gurgelt Gangeswasser und richtet seine Gebete an die vier Himmelsrichtungen, aus denen Segen zu erwarten ist. Er verweilt im Wasser,
zum ersten Mal seit ihrem Aufbruch fühlt er sich
entspannt, aufgehoben.

Wer es sich leisten kann,
fährt mit dem Boot in die Flußmitte,
um dort zu baden und der Göttin
ein Geschenk darzureichen,
das von der Gilde der Taucher
später gehoben wird.

Zurück am Ufer, reibt er sich trocken.

Neben ihm murmelt ein junger Sadhu etwas vor sich hin, offenbar auf Wunsch einer jungen Witwe, die bei ihm steht. Ein Tropfen fällt von ihrem Kinn in den Sand, und ihr Körper zittert, als fröstele ihn ob der Erinnerung an das Bad. Der Sadhu tupft mit zinnoberrotem Pulver ein dickes Tilak auf ihre Stirn. Zwischen ihre Augenbrauen, auf das dritte Auge, dort, wo sich die Energien verknoten, die einen denken und nachdenken lassen. Der Sohn entsinnt sich der Geschichte einer frommen Witwe, die am Ufer des Ganges flehentlich und beharrlich betet, bis sie ihren Ehemann zurück ins Leben geholt hat. Jene, die mit einem Gebet zur Kumbh Mela kommen, werden nicht mit leeren Händen nach Hause zurückkehren, heißt es. Es gibt keine Hoffnung, die hier nicht vertreten wäre. Die Hoffnung auf zwischenzeitliche Heilung, aber auch jene auf ewige Errettung, die erreicht,

wer nicht nur in Ganga taucht,

sondern sich ihr verschreibt ...

हनुमन्तयन
राजस्थान
श्री श्री 108 श्री महंत वासुदेवदास
सनातन धर्म प्रचारक
अधर्म का
श्रीरामजी
फालना-306116

Wie Könige thronen die Gurus
der Gurus auf reichgeschmückten Wagen,
gefolgt von ihrem Fußvolk.

Im letzten Augenblick springe ich zur Seite. Im Meer des Getöses hat sich die Prozession unhörbar, unsichtbar genähert. Schlagartig sehe ich mich dem Marsch der weißgekleideten Männer gegenüber, angeführt von zwei reichverzierten Trommlern mit zwei riesigen Doppeltrommeln, die sie so gleichmäßig schlagen, als wollten sie auf ewig beiden Seiten Gehör verschaffen, und hinter einer ersten Hundertschaft fahren einige Ambassador-Limousinen im Schrittempo, ihre Windschutzscheiben verdunkelt.
Es ist Mittag, gerne würde ich mich im Schatten ausruhen, aber es gibt kein Entrinnen, der Aufmarsch nimmt kein schnelles Ende. Musik ertönt aus fahrenden Lautsprechern, hinter denen ein Generator gezogen wird.
Alle Menschen tragen Weiß, nur sind nicht alle zu Fuß unterwegs, manche reiten auf Pferden oder Kamelen, manche thronen auf Elefanten (die Gurus, auch weiß gewandet, geadelt von Sonnenschirmen), manche hocken auf Traktoren, und manche ziehen Fahrradkarren hinter sich her. Eine Blaskapelle überrascht, sie stolziert nahe der Nachhut, die mindestens einen Kilometer lang ist. Auf einer dreieckigen Fahne steht »Satsang«, auf einer anderen »Kabir Panth«.

Kabir, mein Lieblingsdichter, geboren Mitte des 15. Jahrhunderts und gewiß der einzige, der es nicht nur zum Propheten, sondern zum Gott gebracht hat, verehrt von seinen weißgekleideten Anhängern, die der Göttlichkeit eines Dichters huldigen, der sich ein Leben lang über Ikonen und Heilige lustig gemacht hat, der nur das Ewige respektierte und keine der vergänglichen Lügen und Wunschbilder des Menschen:

Farbe entsteht aus Farbe
Hinter jeder Farbe einzig Licht.
Welche Farbe hat das Leben?
Wenn Du's weißt, dann sprich!

Mit einem Mal schält sich aus der Masse ein Bild heraus, die Menge erscheint mir als eine Pyramide von Köpfen; Köpfe aller Arten, göttliche, menschliche, tierische, eine friedliche Versammlung alles Lebendigen. Aus dieser Pyramide ragen unzählige Arme hervor, so viele, daß bis zum Horizont nur Arme und Hände sichtbar sind – die Millionen haben sich vor meinen Augen in Vishnu verwandelt, der in seiner Darstellung als allmächtiger Gott viele verschiedene Köpfe trägt. Was für eine großartige Vision: Gott ist nichts anderes als die kumulativen Kopfgeburten aller lebenden Wesen, aller Menschen …

Es gibt keine Sekte, die auf der
Kumbh Mela nicht vertreten wäre,
tanzend, singend, betend –
wie etwa diese Sidis, Nachfahren
afrikanischer Sklaven.

Mein Spaziergang durch Kumbhnagar, die Feststadt auf Zeit, gleicht einer Reise durch die verschiedenen Epochen des Hinduismus. Die allgegenwärtigen Feuerrituale erinnern an die zentrale Stellung des Opfers im religiösen Leben des vedischen Zeitalters, als Krishna noch als Viehdieb angesehen wurde und Ganesh als böser Dämon aus dem Wald galt, der nur von mächtigen Schamanen zu besänftigen war. Bei den Yagnas wurde mit zeremoniellem Pomp Reichtum zerstört. Was in Beutezügen geraubt und geplündert worden war, wurde kurz darauf in das Opferfest investiert. Prestige war die wertvollste Münze dieser Ordnung. Anfänglich wurde das Opfer noch als bescheidene Angelegenheit beschrieben, doch in den späteren vedischen Texten legitimiert es mehr als alles andere die weltliche Macht. Etwa durch das Ashwamedha, das Pferdeopfer. Das Pferd symbolisierte die Souveränität des Königs. Indem die Priester ein Pferd mit Mantras und Messern aufschlitzten, übersetzten sie die Erniedrigung des Verlierers in eine Ermächtigung des Siegers. Das Töten der Pferde sei keine Gewalttat, so die vedischen Priester, die Tiere würden direkt in den Himmel wandern. Wenn ihr euch dessen so sicher seid, provozierte der häretische Buddha, wieso opfert ihr nicht euch selbst, eure Väter und eure Mütter? Und wenn solche Grausamkeit in den Himmel führt, was soll dann in die Hölle führen? Die Lehren des Gautama waren ein frontaler Angriff auf die Orthodoxien des vedischen Zeitalters. Und dennoch, was heute als Hinduismus gilt, ist gleichermaßen Frucht des Buddhismus wie der vedischen Tradition.

Während einer Auszeit
von der üblichen Einkehr machen es
sich die Sadhus auf dem Boden
bequem, rauchen, reden und lauschen
fahrenden Sängern.

Ein Naga Sadhu zeigt auf einem eingerahmten Photo,
vom Rauch verdeckt, wie er mit seinem Penis
25 Kilo Ziegelsteine stemmt: eine Art Spendenaufruf.
Alle paar Minuten wischt er den Staub vom Glas
und postiert das Bild dann wieder an einer
gut sichtbaren Stelle.

Besondere Reverenz erfahren jene, die Schwüre der
Selbstkasteiung geleistet haben.
Ein junger Sadhu aus Varanasi verharrt seit drei Jahren
Tag und Nacht auf einem Bein;
neun Jahre stehen ihm noch bevor.

Dein Herr ist in Deinem Wesen
Wie der Duft in der Blume.
Warum suchst Du wie der Moschushirsch
Immer wieder nach Moschus im Gras?
Kabir

Die Opferstätte erscheint ihm so groß wie die Bahnhofshalle,

aus der sie losgefahren waren, so weiträumig wie das Kino in der Provinzhauptstadt, so ausladend wie der größte Tempel, den er je gesehen hat. Unter ihrem gewaltigen Pyramidendach kommt sie ganz ohne Mauern aus, und so kann der Rauch der Feuergruben zu allen Seiten entweichen. Eine der zahlreichen Gruben ist offenbar für ihre Gruppe reserviert, der Priester redet kurz mit einem Mann am Eingang, der sie dann zielstrebig in eine Ecke des gewaltigen Raumes hinführt. Überall ertönen Gesänge, und der Rauch, der jedem Feuer entweicht, zieht an seinen Augen vorbei wie die Abgase eines schweren Lastwagens. Alle hocken sich um das Feuer herum, die jüngeren Familienangehörigen wie er in der zweiten Reihe. Er berührt den Arm seiner Mutter, die direkt vor ihm sitzt, während diese aus den vor ihr plazierten Schalen ein Gemisch aus Holzstückchen, Sesam und Ghee (geklärter Butter) in das ewige Feuer wirft – durch die Berührung nimmt auch er teil am Ritual. Er weiß, die Shlokas, die der Priester anstimmt, richten sich an Shiva, er weiß, der Gott trug vormals einen anderen Namen: Rudra – und doch bleibt ihr Inhalt ihm verschlossen. Das stört ihn nicht. Im Gegenteil: Versteht es sich nicht von selbst, daß er die Sprache der Götter nicht begreifen kann? Was ins Feuer fällt, zischelt leise, und er beginnt dem Zischeln zu lauschen, es begleitet den Rauch, der nun unablässig aus ihrer Feuergrube steigt. Ihm ist warm und wohlig, manchmal fällt seine Hand von der Elle seiner Mutter und an dem kleinen Schubs, den sie ihm gibt, merkt er, daß er eingenickt ist, seinen Träumereien ergeben, während die Gesänge fortdauern, während die Opfermischung ins Feuer geworfen wird, stundenlang, während die Shlokas kreisen und die Flammen züngeln. Im Tempel verrinnt die Zeit, geht ihm durch den Kopf, bei der

Yagna verbrennt sie, hier wie dort wird man eingeschüchtert durch die überwältigende Dauer des Rituals.

Als sie hinaustreten, hat er Durst und fühlt sich ein wenig verloren. Er muß seine Mutter stützen, ihre Beine sind vom langen Sitzen eingeschlafen. Das Tageslicht ist merkwürdig abgeschwächt, als wäre die Sonne selbst im Rauch versunken. Plötzlich ein Schrei. Ein Wesen hüpft vor sie, stark geschminkt, ein Affe, übergossen mit orange Farbe, sein langer Schwanz wedelt wie eine Antenne hinter ihm her. Nein, ein Junge, natürlich, verkleidet als Hanuman, und jetzt bemerkt er auch seinen hochgehaltenen linken Arm, der von einem Messer durchstochen ist, rot ragt seine Spitze aus dem Orange heraus. Er erschrickt und kramt unweigerlich eine Münze hervor, drückt sie dem verwundeten Hanuman in die rechte Hand. Der Priester lacht. Hast du wirklich geglaubt, das war echt? Da bist du aber auf einen Bauernfänger reingefallen. Das Messer, das Blut – alles nur Schauspiel. Ärgere dich nicht.

Nächstes Mal weißt du's besser.

Überall ertönen Gesänge, und der Rauch,
der jedem Feuer entweicht,
zieht an seinen Augen vorbei wie die Abgase
eines schweren Lastwagens.

Weiter geht es durch den Wechsel der Zeiten: Die Askese einer Tradition wird – kaum bin ich um die Ecke eines weiteren Lagers gegangen – auf den Kopf gestellt durch die ekstatische Sinnlichkeit einer anderen, der tantrischen etwa (der nicht wenige Sadhus insgeheim anhängen), in der Shiva als verführerischer Bettler so erfolgreich bei den Frauen war, daß er den Zorn der Männer auf sich zog, bis er eines Tages sein Glied (Lingam) abriß, zu Boden warf und entschwand. Angebetet wird aber nicht nur der Lingam als unmißverständliches Symbol, sondern auch Shakti, die weibliche Energie. Mann und Frau sind die polaren Erscheinungen eines einzigen Prinzips und daher im Wesen eins. Das Männliche wird mit der Ewigkeit identifiziert, das Weibliche mit der Zeit und ihre Umarmung mit dem Mysterium der Schöpfung. Und alles findet seine irdische Verkörperung in der sexuellen Verschmelzung von Mann und Frau.

Auf der Kumbh Mela sind alle in Indien existierenden Traditionen, Askesebräuche und Yogaschulen vertreten. Viele von ihnen stammen aus der Epoche des »Mittelalters« (europäisch betrachtet), als das Selbst entdeckt wurde und die Überwindung des Ichs in den Mittelpunkt trat. Die strenge Architektur mancher Ashrams korrespondiert mit dem strengen Denken, der Selbstkontrolle und Disziplin, die in diese geistigen Schulen eingeführt wurden. An einem einzigen Ort zusammengeführt, wirkt dieses Nebeneinander, als hätten Minerva, Meister Eckart und Calvin gemeinsam eine Sitcom-Version des Alten Testaments geschrieben. Trotzdem scheinen sich die Pilger in diesem ewig wirkenden Tohuwabohu heimisch zu fühlen.

ओम

Der Dreizack (Trisula) symbolisiert
die drei Grundqualitäten des Daseins
(Tamas, Rajas, Sattva) und zugleich
die drei Zeiten, die Shiva beherrscht.

Eingang zum stets bewachten Lager der nationalhinduistischen Bewegung VHP, die Indien von allen Nicht-Hindus »reinigen« will.

हिन्दू परिषद
अक्षयवट

Mutter, beiden Familien bereit' ich Ruhm!
Zwölf Ehemänner aß ich in meines Vaters Haus
Und sechzehn bei den Schwiegereltern.
Habe Schwiegermutter und Schwägerin
Ans Bett gefesselt und schwer
Den Schwager beleidigt.
Das Haar der nörgelnden Hexe
Kokelte ich an.
In meinem Schoß hatte ich fünf
Und zwei und vier.

Zum Frühstück aß ich die Nachbarsfrau,
Dazu die ach so weise Frau Mutter.
Das arme Ding! Auf weichem Bett
Streckt ich meine Beine aus und döste ein.
Jetzt komm ich nicht und geh ich nicht,
Weder leb ich, noch sterb ich.
Der Meister hat die Scham getilgt.
Ich griff nach dem Namen und ließ die Welt fallen.
Ich fing den Namen –
Ganz nahe!
Ich sah den Namen
So schreit Kabir.

Kabir

Wie eine Raupe,
wenn sie das Ende des Grashalms erreicht hat,
einen anderen ergreift
und sich zu ihm hinüberzieht,
so ergreift die Seele,
wenn sie den Körper abgeworfen hat,
einen anderen Körper
und zieht sich zu ihm hinüber.

Aus den Upanishaden

In jedem der vielen Lager wird mittags
an die Bedürftigen, Sadhus wie Pilger,
in langen Reihen Essen ausgeteilt.

Was nicht mitgeteilt wird und nicht geteilt werden darf

Die Initiation

Die einfachen Pilger reinigten sich am Sangam.

Sie erführen höchste Gnade und kehrten dann in ihr Leben zurück, in dem sie nicht lange ohne Fehl bleiben, erläuterte der Priester, der seine Gruppe nach dem Bad um sich geschart hatte. Doch es gebe jene, die an diesem Ort, und nur an diesem Ort, den endgültigen Abschied von ihren Sünden feierten. Wir wollen sie ehren, endete der Priester feierlich.

Ehren, ja, aber insgeheim fürchtet er sich ein wenig vor den zerzausten, halbnackten Gestalten mit ihrem irren Blick und der Angewohnheit, in großen Gruppen durch die Straßen zu ziehen, als gehörten diese ihnen. Er hat sich noch nie Gedanken gemacht, wie sie zu Eremiten geworden sind, zu Outlaws, denen man alles zutraut. Um so erstaunter ist er, da er nun von einer der Brücken aus die lange Reihe von Männern beobachtet, die einige Schritte vom Fluß entfernt stehen und offenbar Anweisungen erwarten. Junge und nicht mehr ganz so junge Männer, bis auf ein kleines Haarbüschel am Hinterkopf kahlgeschoren, für die offensichtlich ein Teilstück Strand freigeräumt worden ist, denn abgesehen von ihnen befinden sich keine anderen Pilger am Wasser. Er lehnt sich sichtlich aufgeregt ein Stück weiter über die Brüstung und starrt auf das, was sich nun unter ihm abspielt. Die nackten Männer hocken jetzt auf ihren Fersen. Hinter ihnen stolzieren festlich gekleidete Aufpasser. Ein älterer Mann, der sich unachtsam genähert hat, wird mit erhobenem Stock davongejagt. Auf einmal ertönen Befehle. Die Männer eilen in den Fluß, bespritzen sich mit Wasser, laufen heraus und hocken sich wieder nebeneinander. Ein Geländewagen fährt vor, ihm entsteigt ein hochehrwürdiger Guru, in der Pose eines Maharajas. So etwas wie ein Zeremonienmeister wohl, gekleidet in ein schweres rotes Brokatgewand, auf seinem Kopf der gewaltigste Turban, den er je gesehen hat. Der

Guru watet mit seinem langen silbernen Stock von einem Nackten zum nächsten, läßt eine Handfläche Gangeswasser über jeden Schädel tröpfeln. Die Männer strecken ihm beide Arme entgegen. Dann stürzen sie sich in kleineren Gruppen erneut in den Fluß und hüpfen ausgelassen, kindlich vergnügt durch das Wasser. Fast beneidet er sie in diesem Augenblick. Von der Brücke aus wirkt es so, als hätten sie keine Sorgen mehr. Danach, zurück am Ufer, erhält ein jeder von ihnen Prasad, heilige Nahrung. Abschließend wird ihnen ein weißer Stoffstreifen überreicht, den sie sich als Lendenschurz umbinden. Ihre alte Unterhose werfen sie in den Fluß.

Das war's, sagt einer der Polizisten auf der Brücke, den er bis dahin gar nicht wahrgenommen hat. Jetzt sind sie echte Sadhus. Und es gibt keinen Weg zurück, fügt der Priester hinzu,

der auch hier, weit weg von zu Hause,

das letzte Wort behalten muß.

Dieses verschleierte Geheimnis
darf nur einem Sohn oder Jünger
mitgeteilt werden und keinem,
der noch nicht den inneren Frieden
erlangt hat.

Aus den Upanishaden

Momente vor der Initiation:
Drei Tage zuvor wurde den Novizen
der Kopf bis auf ein kleines Haarbüschel
am Hinterkopf glattrasiert.

Der Zeremonienmeister, angetan mit einem roten
Brokatgewand und einem triumphalen Turban,
stolziert mit seinem langen silbernen Stock
durch das hockende Regiment der Aspiranten.

Nach dem Bad laufen, springen
und hüpfen die nackten Heiligen
wie ausgelassene Kinder herum.
Schließlich wird ihnen ein
weißer Streifen überreicht, den sie
sich als Lendenschurz umbinden.

Wir verbringen einen Großteil unserer Zeit in den ausufernden Camps der Sadhus. Manche von ihnen verscheuchen uns, andere laden uns ein, mit ihnen Tee zu trinken, eine Haschpfeife zu rauchen oder der Musik zu lauschen, denn neben allem anderen ist die Kumbh Mela für sie auch ein Vergnügen, und um dieses Bedürfnis nach Unterhaltung zu befriedigen, ziehen Musikgruppen von Zelt zu Zelt, singen frenetische Bhajans und erhalten zum Abschied eine Gabe. Was ihnen vor wenigen Stunden gespendet wurde, reichen die Sadhus weiter.

Wer in diesen Tagen initiiert worden ist, gehört nun einer Akhara (wortwörtlich »Arena des Ringens«) an, einer Bruderschaft, einem Orden, einem Kampfverbund, einer Solidaritätsgemeinschaft. Die Akharas wurden vor etwa eintausend Jahren gegründet, in unruhigen Zeiten inneren Zerfalls und äußerer Bedrohung. Seitdem bieten sie Unterweisung in Shastra (Waffen) und Shaastra (heiligen Schriften). Die kriegerische Herkunft ist unübersehbar – die Camps sind wie Kasernen aufgebaut und organisiert; mitten in jedem dieser Lager bestimmt eine bemerkenswerte Vielfalt an Lanzen, Dreizacken, Speeren und anderen Stichwaffen, die in den Boden gerammt sind, den Versammlungsplatz. Über dem Eingang ragt die Figur der erwählten Gottheit des jeweiligen Ordens wie das Bildnis eines Generals, eines obersten Befehlshabers, jedoch mit drei Köpfen, umrankt von glitzernden Lichtchen, ein Hinweis wohl auf die Fähigkeiten der Sadhus, denen der Ruf von Medizinmännern, Zauberern und Schamanen vorausfliegt.

Die Akharas sind dreizehn an der Zahl, sieben von ihnen beherbergen auch Naga Sadhus, Eremiten also, die bei der großen Entsagung alles aufgegeben haben, auch die Bequemlichkeit der Kleidung: Mahanirvani, Niranjani, Juna, Anand, Agni, Atal und Avahan. Du darfst nicht glauben, erklärt mir eines Tages einer der Assistenten jenes Gurus, in dessen Ashram wir übernachten, daß alle Sadhus einem spirituellen Weg folgen. Viele wollen der Armut auf dem Land entfliehen. Andere verstecken sich vor der Polizei, und manche sind krank im Kopf oder in der Seele – als Sadhus werden sie versorgt.

Das verleiht unseren Spaziergängen durch die Akharas immer wieder Spannung. Hier finden sich Fanatiker und Akademiker, Quacksalber und Verklärte. Sie sitzen vor ihren Zelten neben dem heiligen Feuer, das nie erlöschen darf, sie tauschen sich aus, sie lassen sich von den anderen Pilgern mit Blicken, Berührungen und Spenden verehren. Wir müssen uns nur in einem respektvollen Abstand dazusetzen, um teilzuhaben. Ein Bauer berührt die Fußsohlen eines Sadhus und weint bitterlich. Der Sadhu hört aufmerksam zu, während er mit seiner linken Hand einen außergewöhnlich schönen schwarzen Hund streichelt. Dann gibt er Rat, den ich nicht verstehe, vertreibt mit seinem Pfauenfederwedel die bösen Geister und drückt eine Prise Vibhuti (heilige Asche) auf die Sorgenfalten des alten Mannes. Für Sadhus ist dieses Fest nicht nur ein Ort wichtiger Begegnungen, sondern auch Marktplatz, Urlaubsresort und Politbühne – so oder so eine zwischenzeitliche Abkehr von der gewohnten Einkehr.

Wer in diesen Tagen initiiert worden ist,
gehört nun einer Akhara an,
einer Bruderschaft, einem Orden,
einer Solidaritätsgemeinschaft.

Der Zug des Volkes durch
die Akhara-Camps, wo es Darshan nimmt
und Geld spendet.

Sakhi

Ram ist mir im Sinn,
Mein Sinn ist Ram,
Daher verbeuge ich mich
Vor keinen Menschen mehr.
Die Welt stirbt und stirbt,
Doch keiner kennt den Tod.
Kabir ist schon gestorben,
So droht ihm kein Tod.
Wirf das Buch weg.
Laß das Lesen sein.
Von zweiundfünfzig Silben
Merke dir zwei: ra und ma.
Vier Ketten am Hals –
Das soll ein Sadhu sein?
Was außen rot scheint,
Ist innen Gestank.

Kabir

Jagadguru Bal Swami-ji Maharaj:
Mit zwölf wurde ich Sadhu.
Auf meinen eigenen Wunsch hin.
Ich fühlte die Kraft von Vishnu in mir.
Ich dachte, dies ist der beste Weg,
den Menschen zu dienen.

In einem kleinen bewohnten Tempel
spielen einige Sadhus Musik, singen Bhajans.
Die alten Lieder klingen so frisch, als würden sie
zum ersten Mal gesungen werden.
Später am Abend springt einer der Sadhus auf
und dreht weltvergessene Pirouetten.

Durch den Gesang –
über Stunden hinweg, nächtelang –
nähert sich der Mensch Gott.

Alle Tage

Weil wir im Camp eines Ashrams untergebracht sind, weil wir um uns nur Sadhus sehen, könnten wir uns einbilden, wir seien die einzigen professionellen Betrachter des heiligen Schauspiels. Dem ist nicht so. Diese Maha Kumbh Mela ist die erste weltmediale Mela, die erste, die zwar immer noch am Zusammenfluß von Ganges, Jamuna und Saraswati abgehalten wird, die aber ausstrahlt in die ganze Welt. Ganz im Sinne der Götter, gewiß, auch wenn diese vielleicht andere Vorstellungen von Ausstrahlung haben als etwa der britische Channel 4, der mit einer Mannschaft aus fünfzig Spezialisten angereist ist. Daß diese in einem luxuriösen Zeltlager untergebracht sind, dürfte die Götter weniger stören als die zehnminütigen Beiträge, die sie täglich senden. Wie soll das Unendliche in zehn Minuten Platz finden? Die Beiträge von CNN sind noch kürzer. Im Internet aber wird zu jedem Zeitpunkt ein Ereignis unter den unzähligen parallelen Ereignissen live gezeigt. Manche der Journalisten sehen angespannt aus – sie mußten eine von der Regionalregierung geforderte Erklärung unterschreiben, während des Festes keinen Alkohol zu trinken und keine Eier (Fleisch ohnehin nicht) zu essen. Eines Abends, an einem der Teestände, erzählt mir ein schottischer Photograph, dessen Großvater in Indien gedient hat, folgende Anekdote: Ein Kolonialbeamter habe sich sehr gewundert, wie so viele Leute zusammenkommen könnten, ohne eine schriftliche Einladung erhalten zu haben. »Aber wer hat sie denn eingeladen?« verlangte er immer wieder zu wissen.

Am besten gefällt ihm an der Kumbh Mela,

daß man so viele Menschen kennenlernt.

Er hat sich angefreundet mit dem jungen Mann, der nahe ihrem Zelt Tee verkauft, und der ebenfalls nicht aus Allahabad stammt, sondern den weiten Weg aus einem kleinen Städtchen in Bihar auf sich genommen hat, um hier etwas Geld zu verdienen. Die Geschäfte gingen gut – Genaueres sagt er nicht. An seinem Stand trifft er immer wieder andere Pilger, die sich von der Mühsal der rituellen Verpflichtungen erholen. Einer von ihnen ist ein stets fröhlicher Bengale, der aus Kalkutta angereist ist, einfach so, auf gut Glück. Er habe nichts geplant, nichts gewußt. Und nun dies. Strahlend erzählt er, wie gut er untergebracht sei, in einem der bedeutendsten Akharas: Weißt Du, wenn Du in einem Akhara untergebracht bist, kannst Du an den Badetagen mit den Sadhus zusammen am Sangam baden. Du mußt nicht wie alle anderen warten, bis die Sadhus fertig sind. Und ich erhalte täglich etwas zu essen. Es geht mir hier besser als daheim. Außerdem muß ich nichts zahlen. Nur am Ende meines Aufenthalts eine Spende abgeben. Die müsse nicht sehr groß ausfallen, haben die Sadhus gesagt.

Was geht es mir gut!

Wo die Sadhus versagen,
übernehmen die Roboter. Eine mechanische
Stimme teilt jedem neugierigen
Pilger seine eigene Glückszahl mit.

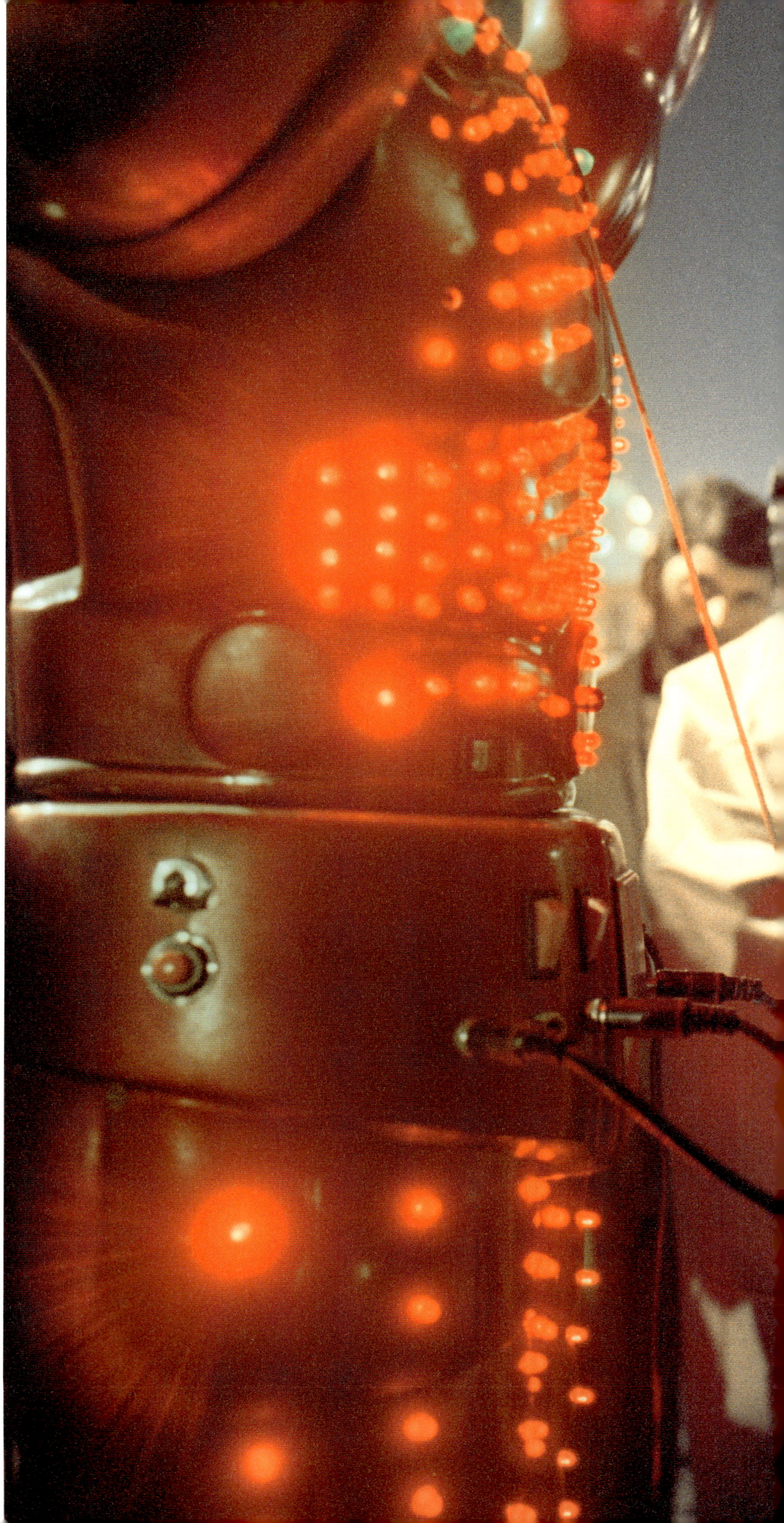

Für viele Pilger
sind Vorträge und Unterweisungen
ein zentraler Teil der Kumbh Mela.

Dies ist die erste virtuelle Mela
der Geschichte.
Nicht nur strahlt sie
noch während der Festtage
durch unzählige Beschreibungen,
Bilder und Filme ins Internet aus,
es predigt auch manch ein Guru im Netz,
bietet Lebenshilfe per E-Mail an.
ISKCON, die Organisation
der Hare-Krishna-Kämpen, offeriert auf
ihrer Website ein Sonderangebot:
für 101 US-Dollar ein Fläschen Gangajal,
vom Sangam, Wasser also,
das nicht nur am Zusammenfluß
von Ganges und Jamuna,
sondern auch noch am wichtigsten Badetag
geschöpft wurde
und jedem zahlungsbereiten Kunden
innerhalb weniger Tage
zugestellt werden kann.
Es lebe der spirituelle Otto-Versand.

Jedes Lager hat seinen eigenen Guru. Der eine ist eher ein Lehrer, der andere ein Kumpel, der dritte ein Schamane, der vierte ein Lebensberater; es gibt Gurus für jede Klasse und jeden Geschmack, Gurus, die eher unter ausgewanderten Indern Zulauf erhalten, und Gurus, die vor allem unter den Reichen Gehör finden. Ein solcher ist Muniji, ein noch jugendlich wirkender Mann, auch wenn einige graue Strähnen seine schwarze Mähne durchziehen. Sein Titel weist ihn als »schweigenden Weisen« aus, obwohl dieser geistliche Führer unüberhörbar der Süße der Wörter vertraut und selbst die Aufmerksamkeit jener Pilger auf seine Botschaft zu ziehen vermag, die von einem langen Tag voller Staub und Lärm, von den vielen Gesichtern, in die sie geblickt haben, müde sind – mit seiner buttrigen Stimme, die anschmiegsam zu fordern weiß ... »*Was ist die Finsternis, die es zu vertreiben gilt? Es ist die Finsternis in uns, die Finsternis der Unwissenheit, der Selbstsucht, der Dualität. Wir leben in einer Welt der Illusion, die uns lehrt, es gebe ein ›wir‹ und ein ›die anderen‹, ein ›Ich‹ und ein ›Du‹. Unsere indische Kultur sagt etwas anderes. Sie sagt, wir seien alle eins. Sie sagt, wenn unsere Brüder und Schwestern in der Finsternis leiden, leiden auch wir, selbst wenn wir es nicht merken. Daher ist es unsere heilige Pflicht, diese Finsternis zu vertreiben, um ihr Leiden zu lindern. Wir können dies jedoch nicht alleine bewerkstelligen. Der Moment ist gekommen, an dem ihr eure Schulden an die Armen zurückzahlen müßt, ihnen die Möglichkeiten geben, die euch gegeben wurden. Die Zeit ist gekommen, jenen Brüdern und Schwestern zu helfen, die in der Finsternis leiden. Möge Gott euch alle segnen.*«

Goswamiji hat in Harvard studiert. Ihn treffe ich in seinem Lager am Rand von Kumbhnagar, Lichtjahre vom Rausch des Festes entfernt. Er steht dem vielleicht heiligsten Krishna-Tempel in Vrindaban vor, dem Städtchen am Ufer des Jamuna, an dem die Kindheit des Gottes verortet ist. Nur Väter dürften seiner Familientradition gemäß Priester werden, legt er mir dar. Während der Kumbh Mela unterrichtet Goswamiji seine Schüler und zieht Musik nur zur zarten Hilfe herbei. Wir unterhalten uns eine entspannte halbe Stunde lang, bevor er seinen täglichen Vortrag beginnt. Unvermittelt sagt er etwas, das mir im nachhinein als wahrhaftigste Beschreibung der Kumbh Mela erscheint: *»Religiöse Identität bedient sich zur eigenen Findung der Mittel des Glaubensbekenntnisses, der Initiation und der Kanonisierung. Mit solchen Mauern werden innen und außen deutlich voneinander getrennt. Das Fremde wird somit ausgegrenzt. Doch der wahre Hinduismus errichtet solche Mauern nicht. Er läßt sich von Oppositionen und Dichotomien nicht in die Irre leiten. Er hat Ausgrenzungen nicht nötig, weil das Andere schon immer das Eigene war. Es herrscht prinzipielle Einheit.«*

Jeder hat seinen eigenen Guru.
Der eine ist eher ein Lehrer,
der andere ein Kumpel,
der dritte ein Schamane,
der vierte ein Lebensberater.

Mein Bruder!
Als ich vergeßlich war,
Wies mein wahrer Guru mir den Weg.
Da verließ ich alle Rituale und Zeremonien,
Ich badete nicht länger im heiligen Wasser:
Da lernte ich,
Daß ich allein verrückt war,
Und die ganze Welt um mich herum
War verständig;
Ich hatte diese weisen Menschen gestört.

Kabir

महन्त श्री राम
अयोध्या

Alle Tage

Wer Unvergeßliches sucht, muß sich in die Augenblicke vertiefen. Die Fundstücke meines umherstreifenden Blickes: ein verkrüppeltes Kind hält ein Nickerchen in einem Holzkarren, abgestellt vor einem bordeauxroten Roboter, der mir mit mechanischer Stimme meine Glückszahl mitteilt (786); vier Sadhus aus Nepal, alle sehr alt und sehr ausgemergelt, halten sich an den Händen und deuten mit dem Kinn auf die Brücke, unter der sie übernachten; zwischen zwei Pilgerzelten spielen zwei junge Männer, der eine barfuß, der andere in Wanderschuhen, Federball; in der Gasse eines Naga-Camps häuft sich Müll – auch die Entkleideten trinken ihren Tee aus Plastikbechern; eine Unterhose wird im Wind geschwenkt, als Erkennungsfahne für eine Pilgergruppe aus dem fernen Osten des Landes; ein Sadhu sitzt weltvergessen vor einem Schminkspiegelchen und überprüft sorgfältig, ob sein Tilak richtig sitzt. Neben ihm hockt ein junger Mann, ein Student der Computerwissenschaften im zweiten Jahr. Er spricht über seinen Guru wie über eine Neuanschaffung, die sich bewährt habe. Erst vor einem Jahr sei er sein Anhänger geworden. Er habe zu ihm gefunden, als er zutiefst unglücklich gewesen war, unzufrieden mit seinem Studium, mit seinem Leben. Er habe sehr schlechte Resultate bei den Prüfungen erzielt, teilweise nur »fünf Prozent«. Nachdem er sich seinem Guru verschrieben habe, seien seine Leistungen schlagartig besser geworden! Zuletzt habe er ein »first« erzielt, was ihn als Besten seines Jahrgangs auszeichne, eine unerklärliche Steigerung, die nur mit dem gesegneten Wirken des Gurus zusammenhängen könne. Der Sadhu strahlt, sein Tilak sitzt mittig und ist rund wie ein roter Mond aus sehnsuchtsschweren Träumen.

Coloured
ROAD GUIDE
Available

Zu jeder Tageszeit gibt es jemanden,
der einem Tee oder eine Kleinigkeit zum Essen anbieten kann.
Wie in einer echten Großstadt.

Überall nur Durcheinander
Veden, Koran, Heilig, Hölle –
Wer ist der Mann? Wer ist die Frau?
Ein Topf voll Luft und Sperma.
Was bleibt, wenn der Topf zerbricht?
Dummkopf! Nichts hast du verstanden.

Kabir

In dem festlichen Gebirge namens Kumbh Mela sind die vier Badetage die strahlenden, weithin sichtbaren Gipfel. Die Pilger reisen an im Bewußtsein, daß sie einen Höhepunkt ihres Lebens erklimmen werden. Sie sind schwer bepackt mit Erwartungen, bereit, jede Mühe auf sich zu nehmen. Die Worte ziehen sich zurück, wenn Millionen von Menschen in fiebriger Erwartung ihrer Erlösung zum Zusammenfluß drängen. Nie habe ich Ekstase in solch einer Größenordnung gespürt. Um vier Uhr in der Früh wird der Staub der Straßen von unzähligen Füßen aufgewirbelt. Alle Wege zum Zusammenfluß sind verstopft, nicht zuletzt, weil einige der Pontonbrücken über den Ganges den Prozessionen der Sadhus vorbehalten sind. Holzgitter und Polizeiposten teilen die Pilger in Darsteller und Zuschauer auf. Auf dem Weg zum eigenen Bad werden die Pilger Zeugen des Anmarsches der Akharas; allein dieses Bezeugen, Darshan genannt, erachten sie als gesegnet. Alle nehmen sich Zeit für diese Segnung. Wir auch.

Sie haben diese Nacht kein Auge zugetan.

Zuerst hieß es, sie müssten früh aufstehen. Wann genau, erfuhren sie nicht. Als die letzten sich niederlegten, brachen die ersten bereits auf. Unruhe herrschte in ihrem riesigen Zelt. Er war schließlich vor seiner Gruppe aufgestanden und hatte sich draußen in einer der Hauptstraßen einen nicht mehr ganz heißen, sehr süßen Tee geholt. Erstaunlich, daß es zu jeder Tageszeit jemand gibt, der einem Tee oder eine Kleinigkeit zum Essen anbieten kann. Wie in einer echten Großstadt. Er steht da in der Kälte und beobachtet, wie einzelne Frühaufsteher aus den Gassen und Eingängen zu beiden Seiten der breiten Straße ins Laternenlicht schlüpfen und sich einem Rinnsal von Menschen auf dem Weg zum Zusammenfluß anschließen. Schweigsam treiben sie dahin. Als er seinen Tee ausgetrunken hat, fragt er den Teeverkäufer, wie viel Uhr es sei. Bald drei, antwortet der junge Mann, und da ahnt der Sohn, es lohnt sich nicht, sich noch einmal hinzulegen. Eine halbe Stunde später verschmelzen seine Mutter und er selbst mit dem Rinnsal, das allmählich zu einem Strom anschwillt.

Kurz vor dem Fluß geht es nicht mehr weiter. Keiner weiß, wieso. Sie bleiben stehen und warten. Ein Trommeln braust langsam heran. Er streckt seinen Hals und sieht hinter den vielen Köpfen eine majestätische Prozession. Vorneweg zwei belanzte, nackte Sadhus auf wunderschönen Pferden. Der eine hält eine Standarte hoch, der andere gibt den Rhythmus vor. Wie Minister oder Maharajas thronen dahinter die Gurus der Gurus auf reichgeschmückten Wagen, gefolgt von ihrem Fußvolk – schlangenförmige Fanfaren und spitze Dreizacke ragen aus dem Pulk von tausend Eremiten. Geringere Sadhus halten übergroße Sonnenschirme über die obersten Hüter des Wissens. Gewaltige Fahnen segeln im frischen Morgenwind. Die Menge vor ihm, um ihn herum scheint stillzustehen. Niemand drängelt, niemand zeigt irgendeine Ungeduld. So wie er, so wie seine Mutter, so wie der Priester, so wie der Nachbar, so wie ihre ganze Gruppe warten alle auf einen ganz besonderen Darshan –

denn noch nie haben sich so viele Heilige
an einem Ort versammelt.

Nektar für die Massen

Das heilige Bad

Prozession der Naga Sadhus.
Welcher Akhara sie angehören, entscheidet darüber, wann sie ins Wasser dürfen.

An der Spitze der Prozession
reitet der zeremonielle Anführer
der Akhara.

Längst ist die Pilgermenge nicht mehr zu zählen. Mit einigen anderen Journalisten stehe ich auf einer kleinen Anhöhe, der einzigen Erhebung in der Nähe des Zusammenflusses. Wir stehen beisammen, frösteln, manch einer raucht eine Zigarette, da fragt einer unter uns: Was schätzt ihr, wie viele Menschen sind es? Die wir hier sehen? Ja, jetzt, hier vor uns. Eine Million bestimmt. Nein, mindestens zwei Millionen. Wenn das nicht drei Millionen sind ... Wenn Menschen den ganzen Strand verdunkeln, so weit das Auge reicht, ist jede Zahl denkbar. Und dieses Ratespiel gilt nur den zu diesem Zeitpunkt Badenden. Wenn wir alle Pilger hinzunehmen würden, handelt es sich eher um 11, 22 oder 33 Millionen. Vielleicht ist Kumbhnagar an diesem Tag die größte Stadt der Welt.

Bald darauf geht die Sonne auf. Das Tageslicht offenbart ein Schlachtenbild. Der Aufmarsch der Juna Akhara, der militantesten Akhara, von einem indischen Journalisten neben mir »Hell's Angels unter den Sadhus« getauft.
Wir sehen, wie die Polizei entlang der hölzernen Absperrungen patrouilliert, wie die zunehmend hektischeren Polizisten unerbittlich ihre Schlagstöcke schwingen. Später treffe ich Rajinder Kumar Rana, einen der Sicherheitsoffiziere am Sangam. Laut seiner Schätzung haben zwischen vier und acht Uhr in der Früh etwa eine Million Menschen das erlösende Bad genommen. Nektar für die Massen.

Am Ufer – frenetisches Gedränge.
Stoßen, Schreien, Treten, Schlagen.
Wahnhaftes Verhalten.
Irre Eile. Gier auf Reinigung.

Sie haben sich einer der Akharas angeschlossen.

Sich einfach zu den vielen Leuten gesellt, die am Ende der Prozession den Sadhus folgen. Und wägten sich in Sicherheit. Aber sie wußten nicht, was sie am Badeplatz erwarten würde. Je näher sie dem Zusammenfluß kamen, desto langsamer ging es voran. Und nun, an den Dünen, warten sie, bis über Lautsprecher der Beginn ihrer Badezeit durchgegeben wird. Der Badeplatz, der den Sadhus vorbehalten ist, ist abgetrennt vom restlichen Strand durch einen provisorischen hölzernen Zaun. Bevor die nächste Akhara das heilige Bad nehmen darf, muß er zuerst bis auf die letzte Person leergeräumt werden. Das geschieht gerade, und er kann seinen Augen nicht trauen. Polizisten schlagen auf halb angezogene Männer, die sich hektisch bemühen, mit dem zweiten Fuß ins Hosenbein zu schlüpfen. Alte Frauen können sich gegen die Schläge nicht schützen, weil sie mit den Händen ihren noch ungebundenen Sari festhalten müssen. Er ergreift die Hand seiner Mutter und ruft ihr zu, gegen das Pfeifen des Windes und das Geschrei der Masse, sie möge sich beeilen beim Bad. Und dann sind sie schon dran. Kaum hört er die Ansage, sieht er schon, wie die Sadhus mit entsetzlichen Schreien die Düne hinabrennen, ins Wasser springen, sich gegenseitig bespritzen. Er läuft los, die Hand der Mutter fest in der seinen. Am Ufer wird gestoßen, es wird geschrien, es wird getreten, es wird geschlagen. Was für eine irre Gier auf Reinigung, geht ihm durch den Kopf.

Das Wasser ist weniger tief als sonst, und er verzichtet auf jedwede Gebete. Stattdessen schirmt er seine Mutter ab und geleitet sie rasch wieder zum Ufer zurück. Die nassen nackten Sadhus neben ihnen nehmen Kampfpositionen ein, sie schwingen blitzende Schwerter, sie tänzeln, dann verharren sie bewegungslos. Einige alte Sadhus halten sich zitternd an den Händen. Sie schmieren sich mit Vibhuti ein, das sie in Plastiktüten mitgebracht haben. Dieses Wasser ist Wahrheit, schreit einer von ihnen. Und der andere ruft: Gott ist in uns, aber wir sind uns dessen nicht bewußt. Mit diesem Bad spüren wir Gottes Gegenwart. Sie bieten ihm etwas von ihrer Vibhuti an. Mein Sohn, sagt der eine, diese Asche ist die letzte Wahrheit. Er streicht etwas davon auf seine Stirn. Einer der Sadhus murmelt etwas, er kann nur Shiva-Shakti verstehen. Er schaut den Sadhus ins Gesicht und fragt sich, ob sie alle noch bei vollem Bewußtsein sind. Und ihm fällt ein, was der Priester ihnen erklärt hatte: Die Heiligen beweisen, daß der Geist stärker ist als das Fleisch.

Die Stimme aus dem Lautsprecher fordert sie auf, den Badeplatz sofort zu verlassen. Das letzte, was er am Ufer sieht, ist ein wütender Sadhu, der einem Photographen die Kamera entreißt und sie zu Boden wirft.

Und dann springt er mit einigen seiner Brüder
tanzend über die Kamera, so als habe er sie besiegt.

In dem festlichen Gebirge namens Kumbh Mela
sind die vier Badetage die strahlenden,
weithin sichtbaren Gipfel. Die Pilger reisen an
im Bewußtsein, daß sie einen Höhepunkt ihres Lebens
erklimmen werden.

Über Lautsprecher wird das Ende
der Badezeit verkündet.
Bevor die nächste Akhara
das heilige Bad nehmen kann,
muß der Strand bis auf die letzte Person
geräumt werden.

53 GRADE O.P.C.

Selten in meinem Leben bin ich so zusammengefahren. Überall war Bewegung, Glieder flogen in alle Richtungen, als ich sah, wie ein Sadhu, ein ungewöhnlich schwer bekleideter Sadhu, seinen Stock schwang und damit auf den Kopf meines Freundes zielte, der gerade dabei war, ein weiteres Photo zu machen. Und ich sah voraus, wie der Stock auf seinen Kopf trifft, und der Schreck fuhr mir in die Glieder. Gelähmt starrte ich auf das, was sich zwei Meter vor mir abspielte: Der Stock verfehlte den Kopf meines Begleiters nur um wenige Zentimeter. Fünfzehn Minuten nach dem Beginn der Badezeit war die strenge Ordnung der Polizei, die zunächst noch einfache Pilger und Journalisten hinter die Absperrung zurückgedrängt hatte, zusammengebrochen. Überfordert von der Tatsache, daß sich tausende von Anhängern jeder einzelnen Akhara angeschlossen hatten, der festliche Zug somit nicht mehr den Sadhus allein vorbehalten war, hatten sie es mit mehr Menschen zu tun als vorgesehen, und es war ihnen nicht möglich, zwischen Befugten und Unbefugten zu unterscheiden. Sie behalfen sich, indem sie auf Verdacht prügelten. Auf der anderen Seite der Landzunge am Zusammenfluß wird für uns eine Photosession abgehalten. Einer der Sadhus hält seine körperlangen Haare wie einen Rockzipfel auf dem Arm. Einige andere setzen sich auf die Absperrungen und führen maskuline Posen vor. Einer streckt uns Journalisten den nackten Hintern hin und läßt sich willig ablichten. Dann hat er genug – er verscheucht die Photographen mit rüden Gesten.

Inmitten der Provokationen und Annäherungen steht seelenruhig ein bekleideter Sadhu und verewigt dies alles auf seiner Betacam. Auf einmal beginnt ein Polizist, die Photographen mit Kieselsteinen zu bewerfen. Ein Sadhu macht es ihm nach, mit größeren Steinen, worauf ein weiterer Sadhu den Polizisten bewirft. Wir weichen den Steinen aus, als würden wir Völkerball spielen, und die Photographen knipsen weiter. Die große Mehrheit der Sadhus drängt derweil in Richtung der Brücke, die zur Zeltstadt zurückführt. Es sind ihrer zu viele, manche verlieren das Gleichgewicht, andere klammern sich verzweifelt an die Absperrungen. Ein Sadhu mit einem Dreizack in der Hand steigt auf ein Gitter und versucht energisch, die anderen zur Ordnung zu rufen. Drohend schwingt er seinen Dreizack. Das kriegerische Gebaren fällt von ihnen ab, die Naga Sadhus weichen zurück wie erschrokkene Kinder. Bald ist die ganze Brücke voller dunkler Leiber. Eine Armee von nackten Heiligen überbrückt Ganga, den Mutterfluß.

महारानी

Nach dem heiligen Bad
strömen Pilger und Sadhus
auf unterschiedlichen Pontonbrücken
zur Feststadt zurück.

Alle Tage

Suresh hockt im Staub.

Seine geometrischen Bilder, in Farbe gegossene Trance, hat er an der Außenseite einer Plane aufgehängt, die das Areal eines Camps begrenzt. Ob jemand seine Bilder kaufen wird, erscheint nebensächlich. Suresh strahlt. Was für eine Energie, sagt er, phänomenal! Ja, das Wasser ist etwas kalt, es hat mir nichts ausgemacht, ich war weggetreten, ich habe so viel Wärme gespürt, ich war ganz leicht. Du hast es auch gespürt, nicht? Etwas ist passiert. Das ist dieser Ort hier. Du kannst du selbst sein, kein Zwang, irgend etwas zu tun. Du kannst dich einfach gehenlassen. Ich habe hier nichts gemalt. Das überrascht mich nicht. Keiner kann diese Mela einfangen, weder in Bild noch Wort. Sie ist zu groß. Menschen verlieben sich hier. Das ist es, das ist die wahre Bedeutung von Sangam: Eine große Seele begegnet einer anderen großen Seele, und sie verschmelzen in Liebe miteinander. Suresh lächelt breit, seine schneeweißen Zähne leuchten aus dem Vollbart heraus wie frischgestrichene Zaunlatten.

Hier ist das wahre Leben.

Am Eingang zum Zelt des Hinduweltverbandes (auf Hindi VHP) spricht mich ein hagerer Mann mit unaufhörlich gerunzelter Stirn und strengem Blick an. Er trägt den in Nordindien obligaten Schnurrbart. Auffällig ist nur die Attaché-Mappe, die er unter dem Arm hält, als wäre er kein Pilger, sondern ein Inspektor der Baubehörde. Wie ihm der Entwurf gefallen habe?, frage ich ihn, auf das Modell des Ram-Tempels anspielend, den nationalistische Hindus unbedingt in der nordindischen Stadt Ayodhya errichten wollen. Bis 1991 stand dort eine Moschee, die vom »Volkszorn« niedergerissen wurde. »*Ach, häßlicher Unsinn. Die VHP versteht so viel von indischer Geschichte wie von Astrophysik. Lächerliche Ignoranten. Sie hören den Namen Allahabad, und was denken die sofort, das stammt ja von Allah ab, das bezeugt eine muslimische Schändung, das muß rückgängig gemacht werden, also nennen sie den Ort Prayag. Sie meinen, alles läßt sich mit einer Umbenennung verändern. Sie meinen, wenn sie das Rad der Geschichte zurückdrehen, ändert sich die Geschichte selbst. Verstehen sie das? Wahn kann man nicht verstehen. Der Wahn meines Nachbarn ist mir unverständlich. Ich sage ihnen etwas, das sie bestimmt nicht wissen: Akbar der Große, der größte Mogul, glaubte fest an die heilige Kraft des Gangeswasser. Er nannte Gangajal die Lebensquelle der Unsterblichkeit. Wenn er verreiste, trank er nur Wasser aus dem Ganges. Entscheidend ist der Respekt und nicht der Glaube eines Menschen. Das ist das Außergewöhnliche an der Kumbh Mela. Es beweist den allumfassenden Geist des Hinduismus. Wo sonst auf der Welt könnten Fremde, Andersgläubige ungestört und unangefochten durch heilige Räume spazieren, an heiligen Riten teilnehmen. Das ist unsere wahre Tradition.*«

Ebenso wie eine Tontasse sich in Erde
oder eine Welle im Ganges
wird das All sich in mir auflösen.

Altindische Shloka

Allein sitzt er am Zusammenfluß.

Seine Mutter war müde und hat sich hingelegt. Morgen in aller Frühe werden sie zur Heimfahrt aufbrechen. Es dämmert. Aus der Ferne hat er an einem Aarti-Ritual teilgenommen – die Lichter und Stimmen drangen über die Biegung des Ufers zu ihm her. Etwas in ihm hat sich verändert. Es ist, als könnte er seine eigene Seele spüren. Je mehr man die Seele nutzt, desto größer wird sie – etwa so hat es ein Guru, dessen Vortrag sie vor einigen Tagen gehört haben, erklärt. Das sei die große Tradition der Veden. Und die kleine Tradition, die kennt er schon, es sind die Gebote ihres Dorfpriesters, dieses und jenes zu tun, zu feiern, zu opfern. Die große Tradition beinhaltet einen größeren Zauber,

und so bleibt er lange am Zusammenfluß sitzen,

beglückt und entspannt.

Früh am Morgen des nächsten Tages, dem letzten der Kumbh Mela, lernen wir am Fluß eine Mutter mit ihrem Sohn kennen, die aus einem Hunderte von Kilometern entfernten Dorf irgendwo im Bundesstaat Uttar Pradesh stammen. Sie sind mit einer größeren Pilgergruppe angereist und haben schon zwei Wochen auf der Kumbh Mela verbracht. Sie laden uns zu unvergleichlich süßen Ladoos ein und erzählen stolz, wie oft sie im Ganges gebadet haben. Und ihr, habt ihr auch gebadet? Wir bejahen, unisono, und erzählen von unseren Erfahrungen am späten Nachmittag des wichtigsten Badetages. Die Mutter vernimmt all dies mit entzückten Augen. Der Sohn ist ein neugieriger und aufgeweckter junger Mann. Es mache ihm zu schaffen, erzählt er uns geradezu bekümmert, daß er in diesem Wirrwarr nicht unterscheiden könne, was echt und ehrlich ist, und was Betrug. Erst gestern sei er auf einen Bettler hereingefallen, der sich ein Messer durch den Arm gebohrt habe, ein Plastikmesser vermutlich, doch das Blut auf beiden Seiten, es hätte ihm auffallen müssen, das sei grellrot gewesen, nicht dunkel, wie Blut, das getrocknet ist. Doch dann sagt seine Mutter etwas zu ihm, und er muß lachen. Die Mutter will uns nicht gehen lassen, sie bestünde darauf, daß wir den Priester kennenlernten, der sie hierher geführt habe – es sei die letzte Chance, denn die Gruppe werde morgen abreisen. Der Sohn springt auf und rennt hinaus. Er kommt zurück mit einigen Tassen Tee. Es sei schade, daß er uns keinen Tee wie von zu Hause anbieten könne, der schmecke viel besser, denn die Milch stamme von einem der zwei Büffel, die ihnen gehörten. Mutter und Sohn wirken glücklich, offenherzig. Auf meine Frage, was denn für sie das Wichtigste an der Kumbh Mela sei, sagen sie: das heilige Bad, die Raslila und die Unterweisungen durch einen weisen Guruji, jeden Tag von zwei bis fünf am Nachmittag. All das sei sehr schön und sehr wichtig gewesen. Und sie strahlen uns an mit einer Energie, die uns genauso erfüllt wie das heilige Bad selbst.

Es ist nur Wasser
An den heiligen Badestätten,
Ich weiß es,
Denn ich habe darin gebadet.
Die Idole sind nur aus stummem Stein,
Ich weiß es,
Denn ich habe vor ihnen geweint.
Die Puranas und der Koran
Sind nur Worte;
Als ich den Vorhang hob,
Habe ich es erfahren.

Kabir

Glossar

Akhara »Übungsplatz«, im übertragenen Sinn Organisation der Sadhus
Ashram religiöse Herberge
Basant Panchami der fünfte Tag des Mondes Magh im Hindu-Kalendar, Fest der Göttin Saraswati
Bhajan religiöses Lied
Darshan segensreicher Anblick eines Gottes oder Heiligen
Gautama Familienname Buddhas
Hari om gangaya namaha »Ich grüße die Ganga«
Kabir Panth religiöse Gemeinschaft, die den Dichter Kabir als ihren Propheten betrachtet
Krishna Hirtengott, achte Inkarnation Vishnus
Kumbh Mela wörtlich: »Fest des Gefäßes«
Kumbhnagar die Millionenstadt, die während der Kumbh Mela errichtet wird
Ladoos süße Bällchen
Magh Purnima der Vollmond des Monats Magh
Maha Kumbh Mela die große Kumbh Mela, die alle 144 Jahre begangen wird
Makar Sankranti Fest anläßlich des Eintritts der Sonne in das Sternzeichen Makar
Mauni Amavasya der Neumond des Monats Magh, an dem man schweigt
Pakhawaj Quertrommel
Prakrishta Yagna »das vorzügliche Opfer«
Puja Ritual
Puranas die »alten« Schriften, die nach den Veden entstanden
Rajas Rastlosigkeit, Bewegung, Energie

Ram siebte Inkarnation des Gottes Vishnu, Gemahl von Sita
Raslila Heiligenspiel um den Gott Krishna und die Kuhhirtinnen
Sadhu heiliger Mann
Sangam der Zusammenfluß von Ganga, Jamuna und Saraswati
Satsang »gemeinsame Wahrheit«, religiöses Gespräch
Sattva Klarheit, Güte, Harmonie
Shloka Vers
Sita Gemahlin Rams
Tamas Trägheit, Dunkelheit, Chaos
Tilak rotes Stirnzeichen
Upanishaden religiöse Schriften, die ursprünglich geheim gehalten wurden
Veden die ältesten religiösen Schriften des Hinduismus
Vibhuti heilige Asche
Vishnu Gott der Erhaltung

Ein Buch der Partner Frederking & Thaler und GEO

Die Deutsche Bibliothek verzeichnet diese Publikation in der Deutschen Nationalbibliographie; detaillierte bibliographische Daten sind im Internet über http://dnb.d-nb.de abrufbar.

Die Übersetzungen der Verse von Kabir und den Zeilen aus den Upanishaden stammen von Ilija Trojanow.
Der Abdruck der Gedichte auf Seite 72 und 128 erfolgt mit freundlicher Genehmigung des Bindu-Verlags, Hannover.

Gesamtgestaltung und Typographie: Yvonne Meyer-Lohr, Düsseldorf
Herstellung: Verlagsservice Rau, München
Reproduktion: Reproline mediateam GmbH, München
Druck und Bindung: MKT

Printed in Slovenia

ISBN 978-3-89405-712-1